Los Apalaches

y otras cordilleras de Estados Unidos

Jennifer Prior, Ph.D.

Asesor

Brian Allman
Director
Escuelas del Condado de Upshur, Virginia Occidental

Créditos de publicación

Rachelle Cracchiolo, M.S.Ed., *Editora comercial*
Emily R. Smith, M.A.Ed., *Vicepresidenta superior de desarrollo de contenido*
Véronique Bos, *Vicepresidenta de desarrollo creativo*
Dona Herweck Rice, *Gerenta general de contenido*
Caroline Gasca, M.S.Ed., *Gerenta general de contenido*
Dani Neiley, *Editora*
Fabiola Sepulveda, *Diseñadora gráfica de la serie*

Créditos de imágenes: pág.4 Library of Congress [LC-DIG-highsm-44398]; pág.7 (inferior) Tennessee Valley Authority; pág.9 (superior) Juan Melli/Take A Hike!; pág.32 Alamy/Christian Kober 1; todas las demás imágenes cortesía de iStock y/o Shutterstock

Library of Congress Cataloging-in-Publication Data

Names: Prior, Jennifer Overend, 1963- author.
Title: Los Apalaches y otras cordilleras de Estados Unidos / Jennifer Prior.
Other titles: Appalachians and other U.S. mountain ranges. Spanish
Description: Huntington Beach, CA : Teacher Created Materials, Inc, 2024. | Includes index. | Audience: Ages 8-18 | Summary: "The United States is home to countless mountain ranges. They vary in size from small to very large. They are as different as east and west. In this book, you will learn about four major mountain ranges in the United States"-- Provided by publisher.
Identifiers: LCCN 2023036210 (print) | LCCN 2023036211 (ebook) | ISBN 9798765960424 (paperback) | ISBN 9798765970652 (ebook)
Subjects: LCSH: Mountains--United States--Juvenile literature. | Mountain ecology--United States--Juvenile literature.
Classification: LCC GB525 .P7518 2024 (print) | LCC GB525 (ebook) | DDC 551.43/20973--dc23/eng/20230918
LC record available at https://lccn.loc.gov/2023036210
LC ebook record available at https://lccn.loc.gov/2023036211

En la portada se muestra la ruta escénica Blue Ridge Parkway, en los montes Apalaches.

TCM Teacher Created Materials

5482 Argosy Avenue
Huntington Beach, CA 92649
www.tcmpub.com
ISBN 979-8-7659-6042-4

Printed by: 51497
Printed in: China

Tabla de contenido

Las cordilleras de Estados Unidos

En Estados Unidos hay muchas cordilleras. Algunas son pequeñas y otras, inmensas. Algunas cadenas montañosas son parte de una cordillera más grande. No hay dos cordilleras iguales. Cada una tiene plantas y animales **singulares**. Cada una tiene características **geológicas** diferentes. Y cada una tiene sitios emblemáticos que atraen el interés de las personas.

Los montes Apalaches están en el Este. Las Montañas Rocosas, en el Oeste. Sierra Nevada está cerca de la Costa Oeste. Y la cordillera de Alaska está en... ¿Lo adivinaste? Sí, en Alaska.

Sierra Nevada

Los montes Apalaches están cubiertos de árboles y tienen un extenso sistema de senderos. Las Montañas Rocosas son la segunda cadena montañosa más larga del mundo. Sierra Nevada alberga algunos de los árboles más grandes del planeta. Y la cordillera de Alaska tiene el pico más alto de América del Norte.

Estas montañas son apenas una muestra de lo que puedes encontrar en Estados Unidos. Todas son increíblemente hermosas y atraen a millones de turistas cada año. Allí abundan el aire puro, las áreas naturales intactas y las impresionantes vistas. La inmensidad de estas grandes cordilleras provoca una verdadera sensación de asombro.

Montañas submarinas

¿Sabías que algunas montañas están sumergidas? La mayoría de las personas piensan que el monte Everest es la montaña más alta del mundo. Pero Mauna Kea, una montaña que está mayormente bajo el agua, mide unos 33,500 pies de altura (10,211 metros). ¡Es unos 4,471 pies (1,363 metros) más alta que el Everest!

La región de los Apalaches

Los montes Apalaches abarcan unas 2,000 millas (3,219 kilómetros). Empiezan en el noreste de Canadá. Terminan en Alabama, en el sureste de Estados Unidos. Están formados por muchas cadenas montañosas más pequeñas. Por ejemplo, las montañas Blancas están en Nuevo Hampshire. Las montañas Catskill se encuentran en Nueva York. Las Grandes Montañas Humeantes y la cordillera Blue Ridge están en el Sur.

En toda la región abunda el agua. Hay muchos ríos, arroyos, **manantiales** y cascadas. También hay lagos, pero no los suficientes para contener toda el agua de lluvia. La parte sur de los Apalaches recibe, aproximadamente, entre 70 y 90 pulgadas (entre 178 y 229 centímetros) de lluvia al año. Comparemos estas cifras con las de las Montañas Rocosas. La mayoría de los bosques nacionales de las Montañas Rocosas reciben unas 20 pulgadas (51 centímetros) de lluvia al año. Antes, las copiosas lluvias solían provocar inundaciones. Las inundaciones son peligrosas. Pueden causar grandes daños. Era necesario buscar una solución. En 1933, se formó la Autoridad del Valle del Tennessee (TVA, por sus siglas en inglés). La TVA construyó un sistema de **represas**. Estas represas apaciguan las peligrosas aguas. Generan energía eléctrica. También forman diversos lagos para disfrutar.

El poder del agua

¿Cómo genera electricidad el agua? Las represas retienen el agua y se forma un lago. Cuando el agua se libera, cae por la represa. El agua cae con mucha fuerza. Al caer, hace girar una **turbina**. La turbina genera energía eléctrica cuando gira.

Senderos para todos

El Sendero de los Apalaches es la ruta de **senderismo** más larga del mundo. Desde Maine hasta Georgia, ofrece a los senderistas un sinfín de vistas maravillosas. Actualmente, el sendero abarca unas 2,190 millas (3,524 kilómetros). Pero eso puede cambiar a medida que se agreguen nuevos caminos. Recorrer toda la ruta a pie implica un gran esfuerzo. Requiere mucho entrenamiento y preparación. ¡Los senderistas que encaran el desafío atraviesan 14 estados! En promedio, completarlo lleva seis meses. Caminar esa distancia no es para cualquiera. Pero es común que los senderistas que van a pasar el día hagan recorridos cortos. Todos los años, tres millones de personas recorren partes del sendero para admirar los asombrosos paisajes.

las cien millas salvajes

Una familia completa el recorrido

La familia Crawford, de Kentucky, recorrió el Sendero de los Apalaches de punta a punta en 2018. Entre los ocho miembros de la familia estaban sus seis hijos, con edades de entre 2 y 16 años. La familia completó el recorrido en cinco meses.

el exprimidor de limones

Maine es famoso por "las cien millas salvajes". Es una extensión de 100 millas (161 kilómetros) prácticamente **deshabitada**, con vistas que dejan a las personas sin aliento.

El "exprimidor de limones", en Nueva York, es una parte muy angosta del sendero. Los senderistas deben pasar por formaciones rocosas muy estrechas.

La cascada Laurel es una caída de agua de 80 pies (24 metros) en Tennessee. Debe su nombre al arbusto de laurel. Estos arbustos florecen a los costados del sendero en el mes de mayo.

El pico Clingmans Dome está en las Grandes Montañas Humeantes. Con más de 6,500 pies (1,981 metros) de **altitud**, es el punto más alto de todo el sendero. En un día despejado, los senderistas pueden ver hasta una distancia de más de 100 millas (160 kilómetros).

Clingmans Dome

La fauna silvestre

Imagina que estás haciendo senderismo en los Apalaches. Oyes un sonido. ¿Qué es? Probablemente sea alguno de los muchos animales que viven allí. Dado que los Apalaches se extienden desde Canadá hasta el sur de Estados Unidos, la **topografía** varía de lugar en lugar. Y la **fauna** de cada zona varía tanto como la topografía.

Los osos negros son los únicos osos que se encuentran en esta cordillera. Pesan hasta 500 libras (227 kilogramos). ¡Es más o menos lo que pesa una motocicleta o un piano! Sin embargo, los senderistas no deben preocuparse mucho por los osos negros. En general, son animales tímidos, aunque podrían acercarse a los campamentos si huelen comida. Por eso, en los campamentos no debe dejarse comida en el suelo.

oso negro

El alce es un animal gigantesco que habita en la parte norte de los Apalaches. Los alces pesan casi el triple que los osos negros: ¡1,400 libras (635 kilogramos)! Comen hojas y ramas pequeñas, y casi nunca se acercan a las personas. Solo se ponen agresivos cuando defienden a sus crías.

En los montes Apalaches viven muchas clases de serpientes. Algunas son venenosas, pero la mayoría no lo son. La serpiente de cascabel pigmea, que se encuentra principalmente en el Sur, es venenosa. Tiene manchas ovaladas y puede medir alrededor de dos pies y medio (0.76 metros) de largo. Por otra parte, su cascabel es tan pequeño que apenas se oye.

serpiente de cascabel pigmea

alce y su cría

¿Lo sabías?

En algunas partes de Estados Unidos, al alce lo llaman “burro narigón de pantano”. Es porque los alces tienen hocico grande y son buenos nadadores. Solo los machos tienen cuernos. Los usan para luchar con otros alces en la época de apareamiento. Cuando esa época termina, los cuernos se caen. Vuelven a crecer al año siguiente.

Los jabalíes son un tipo de cerdo que vive en los montes Apalaches, pero no son **autóctonos** de la región. Fueron traídos de Europa y luego escaparon de los cotos de caza. Se reprodujeron con los cerdos **domésticos**, y actualmente causan muchísimos problemas. Usan el hocico para excavar en el suelo y comen de todo, desde plantas y frutos secos hasta animales pequeños.

jabalí salvaje y su cría

¡Un arma secreta!

Los jabalíes cuentan con su propia arma secreta. Tienen colmillos en la mandíbula inferior. Los colmillos de los machos son más largos que los de las hembras. A diferencia de las hembras, los machos también tienen colmillos en la mandíbula superior y los usan para afilar los colmillos inferiores.

Aunque hay muchas aves que viven en estas montañas, el grévol engolado habita a lo largo de todo el Sendero de los Apalaches. Es un ave del tamaño de una gallina. Su color y sus manchas lo ayudan a **camuflarse** en los bosques que cruza el sendero. Los machos producen un sonido similar al de un tambor cuando agitan las alas. También despliegan un plumaje negro que tienen alrededor del cuello, como si fuera un collar.

En los Apalaches también viven linces rojos, pero es muy difícil verlos. Su pelaje castaño y sus manchas marrones los ayudan a confundirse con el entorno. Los primeros colonos llamaban a los linces "fantasmas del bosque" debido a su naturaleza misteriosa. Los linces rojos son casi el doble de grandes que los gatos domésticos. Tienen la cola corta y un mechón de pelo en la punta de las orejas. Construyen sus **madrigueras** en cuevas o en árboles ahuecados y cazan animales pequeños.

lince rojo

grévol engolado

Asheville, Carolina del Norte

La vida en las montañas

Los montes Apalaches son una gran extensión en la que reina la naturaleza. Pero también son el hogar de muchas personas. Hay muchos pueblos y ciudades enclavados en las montañas. Asheville, en Carolina del Norte, es una de esas ciudades. Se ubica en la cordillera Blue Ridge. Es un sitio turístico popular. Hace mucho tiempo, este territorio era el hogar de la nación cheroqui. Pero luego fue poblado por los europeos. En 1797, se convirtió en un puesto de avanzada. Los exploradores se detenían allí en busca de provisiones. Se sabe que Davy Crockett y Daniel Boone pasaron por el lugar.

Hoy, Asheville es conocida por su arte y sus edificios. Los edificios históricos están bien cuidados. Muestran cómo era la ciudad en épocas pasadas. El centro atrae a los visitantes con sus galerías de arte moderno. Además, ofrece buena comida y espectáculos musicales. Aunque se ha modernizado, la ciudad exhibe su pasado con orgullo. El sendero urbano es una caminata guiada que permite conocer la historia del lugar. El Museo de los Indios Cheroquis cuenta sobre los 11,000 años de historia que tiene la tribu en la región. Allí también se puede aprender sobre la historia de los afroamericanos y sobre algunas personas famosas relacionadas con Asheville.

Biltmore Estate es una casa histórica que funciona como museo en Asheville.

¡Manzanas y más manzanas!

El cultivo de manzanas es una importante industria establecida ya hace muchos años en Appalachia. Desde Virginia hasta Georgia puedes encontrar huertos de manzanas administrados por las familias que son sus propietarias, donde se venden manzanas y sidra.

Las Montañas Rocosas

La segunda cordillera más larga del mundo se encuentra en el Oeste de Estados Unidos. Las Montañas Rocosas se extienden desde el norte de Canadá hasta Nuevo México. No tienen tanta agua ni paisajes verdes como los montes Apalaches. Pero tienen picos más altos y vistas magníficas. Al igual que en los Apalaches, en las Montañas Rocosas hay osos negros. Pero también hay osos pardos, que son más grandes y más peligrosos. En estas montañas viven muchos animales, pero el símbolo de las Rocosas es el borrego cimarrón. Es una especie de oveja, la más grande de América del Norte. Se distingue por la facilidad con que salta entre las rocas y trepa por las laderas empinadas.

Trail Ridge Road es una carretera ubicada en el parque nacional de las Montañas Rocosas. Imagina cómo sería viajar en auto y acercarte cada vez más al gran cielo azul. Por eso la llaman "la autopista al cielo". Uno de los sitios más famosos de la ruta es la divisoria continental. Llamada la Gran Divisoria, es una cadena de altas montañas que divide las aguas del continente. Las precipitaciones que caen al oeste de la divisoria fluyen hacia el océano Pacífico. El agua y la nieve que caen en la ladera este fluyen hacia el océano Atlántico.

borrego cimarrón

La tundra

Si sigues hasta el final de la carretera Trail Ridge Road, llegarás a la tundra. Es una zona tan elevada que son pocas las plantas que pueden crecer allí. Debido a las temperaturas extremadamente bajas, es imposible que crezcan árboles.

Sitios emblemáticos de las Montañas Rocosas

Hay incontables lugares que ofrecen paisajes magníficos en las Montañas Rocosas. A muchos de esos lugares se puede acceder por rutas pavimentadas o por caminos de senderismo. El mirador Forest Canyon está en Colorado. Brinda una vista de 360 grados de las Rocosas. Es un cañón en forma de U que está a una altitud de 11,716 pies (3,571 metros). Lo formó un glaciar inmenso. El glaciar desgastó las rocas hasta crear esta maravilla con vistas **panorámicas** de la tundra.

Es muy probable que la atracción más popular de las Montañas Rocosas sea Old Faithful. Está en el parque nacional de Yellowstone. Se trata de un **géiser** que expulsa unos 8,000 galones (30,300 litros) de agua. Un géiser es un hoyo en la superficie terrestre. Pero no te acerques demasiado. Expulsa agua hirviendo y vapor. Antes, el Old Faithful entraba en erupción una vez por hora. Pero actualmente, el agua sale cada 90 minutos, aunque la frecuencia es variable.

También puedes hacer un maravilloso paseo en auto por Montana. La carretera Going-to-the-Sun está en el parque nacional de los Glaciares. Es una ruta angosta de dos carriles que atraviesa montañas altas, cascadas y lagos. ¡Es tan estrecha que algunos vehículos no entran!

carretera Going-to-the-Sun

el géiser Castle haciendo erupción en el parque nacional de Yellowstone

Sierra Nevada

En la Costa Oeste está Sierra Nevada. La mayor parte de esta cordillera se encuentra en California. El borde del este llega hasta Nevada. Allí se encuentra el segundo pico más alto de Estados Unidos. El monte Whitney, en California Central, se eleva 14,494 pies (4,418 metros) sobre el nivel del mar. Solo lo supera en altura el monte Denali, en Alaska.

Con el tiempo, las cordilleras cambian. La **erosión** hace que las rocas se desgasten por acción del viento, el hielo y el agua. Eso también sucede en Sierra Nevada. Pero los cambios más **drásticos** que suceden en estas montañas no se deben a la erosión, sino al uso humano de la tierra. La minería y la **explotación forestal** han cambiado el paisaje. Pero el turismo también ha generado un gran impacto. Estas montañas están cerca de áreas muy pobladas. Por eso, son ideales para realizar actividades recreativas. Gran cantidad de personas acuden allí para hacer senderismo, pescar y acampar. También conducen sus vehículos todoterreno, montan a caballo y practican deportes de invierno.

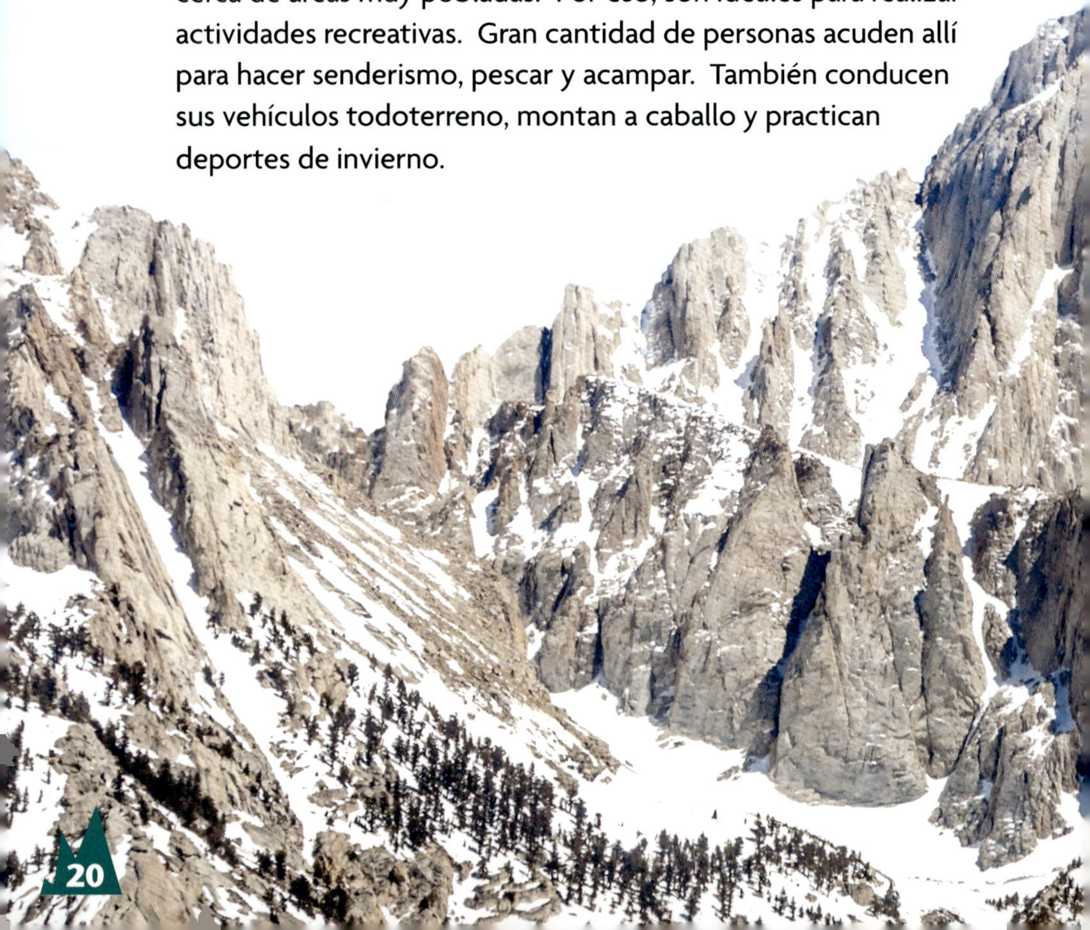

En Sierra Nevada están algunos de los árboles más grandes del planeta. Las secuoyas gigantes se encuentran en la ladera oeste. Llegan a alcanzar una altura de unos 300 pies (91 metros).

Gigantes imponentes

¿Qué tienen de asombroso las secuoyas gigantes? Sus ramas pueden alcanzar los 8 pies (2.4 metros) de diámetro. Su corteza puede tener hasta 3 pies (1 metro) de grosor. Y estos árboles pueden vivir hasta 3,000 años. La secuoya más grande es el General Sherman. Se encuentra en el parque nacional de las Secuoyas, en California. ¡Mide más de 100 pies (30 metros) de ancho y 270 pies (82 metros) de alto!

La fauna del Oeste

Sierra Nevada es el hogar de muchos animales. Uno de los más grandes es el puma. Un puma macho puede medir hasta 8 pies (2.4 metros) de largo y pesar 180 libras (82 kilogramos). Los pumas son misteriosos y es raro verlos. Las hembras tienen entre dos y tres cachorros por vez. Las crías viven con la madre hasta los dos años. Durante ese tiempo, las madres les enseñan todo lo que necesitan saber para sobrevivir por su cuenta.

una puma hembra y su cachorro

castor de montaña de Sierra Nevada

Los castores viven en toda América del Norte. Pero el castor de montaña de Sierra Nevada solo habita en esta cordillera, ligeramente hacia el norte. Por lo general, estos castores viven solos. Aunque trepan árboles y saben nadar, pasan la mayor parte del tiempo en sistemas de túneles subterráneos. Los castores de montaña no jadean ni sudan, que es la manera en que los animales se refrescan. Por eso, deben vivir en climas fríos y cerca del agua.

La rana de montaña de patas amarillas vive únicamente en la región de Sierra Nevada. Esta pequeña rana aprovecha su color para camuflarse en el entorno. Si se siente amenazada, produce un olor similar al ajo para espantar a los depredadores. Caza insectos con su lengua pegajosa, pero a veces incluso se alimenta de sus propios renacuajos.

La cordillera de Alaska

¿Cuál es el pico más alto de América del Norte? Es el monte Denali, en la cordillera de Alaska. También se le conoce como monte McKinley. Con una altura de 20,310 pies (6,190 metros), se destaca sobre las otras montañas. Este monte atrae a escaladores que se proponen llegar a la cima. ¿Es solo un día de caminata relajada? ¡Obviamente que no! Es una expedición que requiere meses de entrenamiento y preparación antes de emprender el ascenso. Llegar a la cima del Denali y volver al campamento lleva unas tres semanas.

glaciar de montaña

La cordillera de Alaska cambia constantemente. La capa externa de la Tierra está formada por bloques de rocas llamadas **placas tectónicas**. A medida que las placas cambian de posición y se mueven, la superficie terrestre se modifica y se forman nuevas montañas. Eso es común en Alaska. Esta cordillera está rodeada por grietas en la corteza terrestre llamadas **fallas**. Las fallas han causado muchos terremotos.

Quizá creas que este tipo de actividad **sísmica** alejaría a los visitantes. Pero, para muchos turistas, Alaska y su cordillera siguen estando en los primeros puestos de la lista de lugares imperdibles. Animales salvajes, como osos pardos, alces y lobos, recorren libremente la zona. Con un poco de suerte, hasta es posible ver águilas calvas. Además de la abundante fauna, los turistas también pueden ver gran cantidad de glaciares y hasta demostraciones de trineos tirados por perros.

Un país de montañas

En Estados Unidos hay muchas cordilleras. Cada una tiene su propio clima, su fauna, su vegetación y su belleza. En los montes Apalaches llueve mucho. Estos montes están tapizados por árboles. Sus interminables millas de senderos atraen a caminantes de todas partes.

Las Montañas Rocosas son enormes y parecen tocar un cielo vasto y azul. Cada año, millones de turistas se acercan a disfrutar la gran cantidad de vistas panorámicas que ofrecen.

Sierra Nevada es el hábitat de muchos animales. También es una gran atracción para las personas a quienes les gusta hacer actividades al aire libre. Cuenta con uno de los picos más altos del país. Además, allí se encuentran algunos de los árboles más grandes del mundo.

Y la cordillera de Alaska ofrece el desafío de llegar a la cima del tercer pico más alto del planeta. Sus numerosos glaciares, su asombrosa vida silvestre y su belleza cubierta de nieve crean un paisaje que no se parece a ningún otro.

Hay muchas cordilleras más en Estados Unidos. ¿Qué estás esperando? ¡Corre a la montaña más cercana y empieza a explorar!

Tierras llanas

Algunas personas definen una montaña como una elevación de al menos 1,000 pies (305 metros). Según esa definición, Delaware, Florida, Rhode Island, Luisiana y Misisipi no tienen ninguna montaña.

bosque nacional Uinta-Wasatch-Cache, Utah

montaña Gothics, montañas de Adirondack, Nueva York

parque nacional de las Cascadas del Norte, Washington

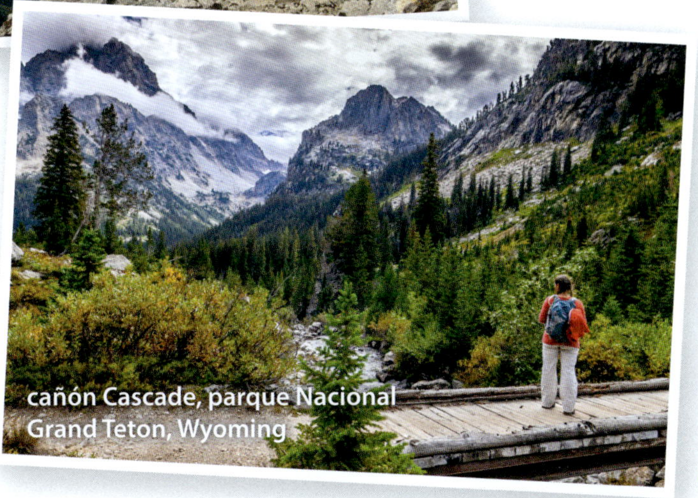
cañón Cascade, parque Nacional Grand Teton, Wyoming

¡Haz un mapa!

Hay muchas otras cordilleras aparte de las cuatro sobre las que acabas de leer. Incluso hay cadenas pequeñas que forman parte de cordilleras más grandes. Escoge una de las cordilleras de este libro o alguna otra que conozcas. Haz un mapa para mostrar su majestuosa belleza.

Sigue estos pasos:

1. Escoge una cordillera.
2. Investiga dónde se encuentra exactamente. Además, investiga sobre los sitios emblemáticos, la fauna, la vegetación y las actividades recreativas, entre otras cosas.
3. Dibuja un mapa de Estados Unidos. Dibuja la cordillera que escogiste en el lugar donde se encuentra. Asegúrate de usar referencias y de ubicar la cordillera correctamente.
4. Rotula la cordillera.
5. Dibuja con símbolos todo lo que aprendiste sobre la cordillera (los sitios emblemáticos, la fauna y la vegetación, las actividades recreativas, etc.).
6. Agrega una clave del mapa para explicar los símbolos.

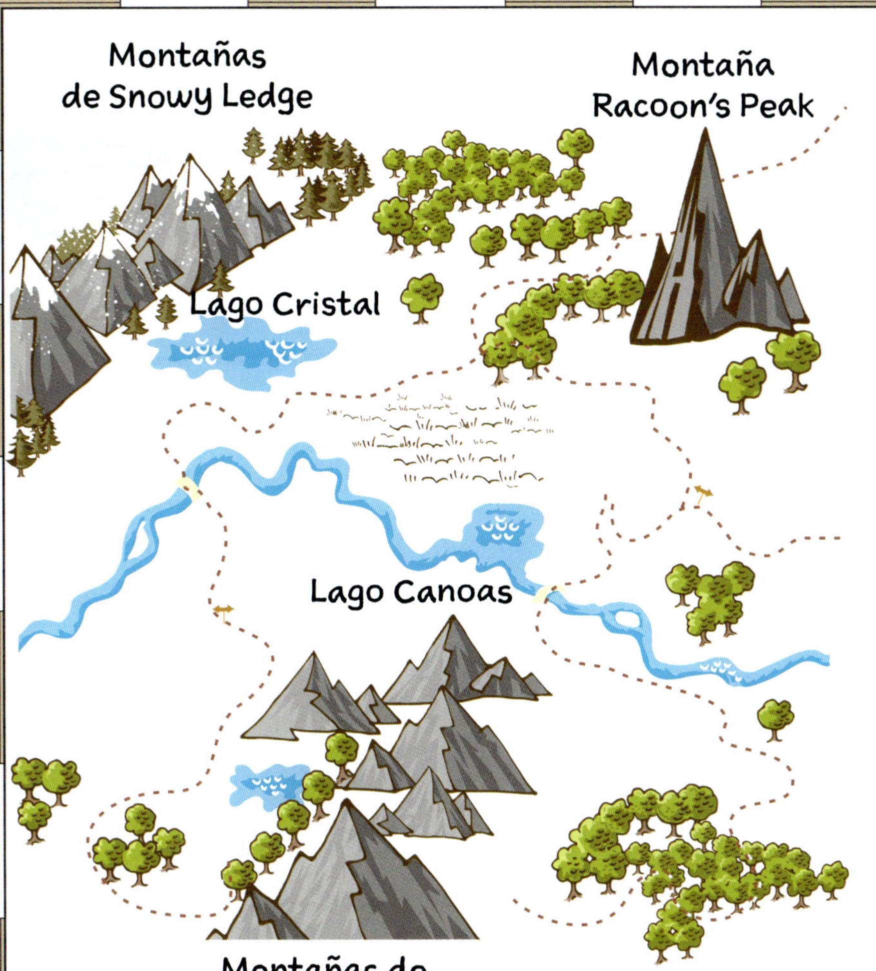
Montañas
de Snowy Ledge
Montaña
Racoon's Peak
Lago Cristal
Lago Canoas
Montañas de
Shadow Ridge

Glosario

altitud: la altura de algo sobre el nivel del mar

autóctonos: propios de determinada región

camuflarse: confundirse con su entorno

deshabitada: que no tiene habitantes

domésticos: que viven con los seres humanos; mansos

drásticos: extremos, notorios

erosión: desgaste

explotación forestal: la extracción de los recursos de un bosque

fallas: grietas en la corteza terrestre a lo largo de las cuales se producen movimientos tectónicos, frecuentemente en distintas direcciones

fauna: animales que habitan un lugar

géiser: un hoyo en el suelo que expulsa agua caliente y vapor

geológicas: relacionadas con la estructura física de la Tierra

madrigueras: refugios de algunos animales

manantiales: lugares donde el agua brota de forma natural

panorámicas: que permiten contemplar algo en su conjunto

placas tectónicas: grandes porciones de la superficie terrestre que se desplazan lentamente y cuyos movimientos pueden causar sucesos como terremotos y tsunamis

represas: grandes muros o barreras que retienen el agua

senderismo: actividad deportiva que consiste en caminar por senderos, generalmente en un entorno natural

singulares: únicos en su tipo

sísmica: relacionada con los terremotos

topografía: las características del terreno

turbina: un motor cuyas partes se mueven por acción del agua

parque nacional Denali, Alaska

Índice

¡Aprende más!

Charles Crenshaw marcó un récord en 1964. Fue el primer afroamericano que llegó a la cima del Denali. Un grupo de 15 escaladores lo acompañó en la larga y peligrosa expedición.

Investiga más acerca de este hombre y su famosa escalada. Busca en internet “Charles Crenshaw Denali”. Además, busca “Expedición Denali”. Usa los datos que encuentres para hacer un cuadernillo o un cartel sobre él.

Piensa en las siguientes preguntas mientras trabajas:

- ¿Por qué fue especial lo que hizo Crenshaw?
- ¿En qué aspectos fue una expedición peligrosa?
- ¿Cuál fue el propósito de la Expedición Denali?
- ¿Cómo afectó la expedición a otras personas?

Denali, Alaska